AF554518

LES

ANNEXIONS DE COLLECTIONS D'ART OU DE BIBLIOTHÈQUES

ET LEUR ROLE DANS LES RELATIONS INTERNATIONALES

Principalement pendant la Révolution française

I

Les manuscrits et les livres, les sculptures, peintures et objets de collection de toute sorte, n'ont cessé, depuis l'antiquité, de jouer un rôle dans les relations internationales, tantôt comme présents destinés à faciliter ou à consacrer les négociations diplomatiques, tantôt comme rançon, tantôt encore comme trophées de la victoire. Les œuvres d'art en particulier ont, de tout temps, soulevé une foule de questions intéressant le droit international. Prenons la propriété artistique : si de nos jours seulement elle a été protégée par des conventions formelles, elle était admise en principe dès le XVIe siècle. Nous en avons pour preuve l'arrêt du sénat de Venise défendant aux graveurs de la Sérénissime République de copier les estampes d'Albert Dürer et de contrefaire sa marque. Voici d'autre part la législation sur l'exportation des œuvres d'art anciennes : à combien de difficultés n'a-t-elle pas donné lieu surtout pendant les dernières années ! Le gouvernement grec n'a-t-il pas osé demander l'arrestation, à Paris, des détenteurs d'objets envoyés de Grèce en France en violation des lois du Code hellénique ! Le gouvernement italien n'a-t-il pas tenté, de son côté, de revendiquer, en plein Paris également, les tableaux que le prince Sciarra Colonna, confiant dans ses droits de propriétaire, avait retirés de son palais de Rome ! La Turquie, l'Egypte, la Perse même, n'ont-elles pas interdit toutes expor-

(16)

tations d'antiquités ! Je n'entrerai pas, quant à présent, dans la discussion de la légitimité de ces prétentions, quoique je n'éprouve pas un instant d'embarras à leur égard. Il me suffira de rappeler l'éloquente protestation formulée par M. Heuzey contre les agissements du gouvernement grec[1].

L'essai que je soumets aux lecteurs de la *Revue d'Histoire diplomatique* a pour objet de retracer les vicissitudes par lesquelles ont passé un certain nombre de collections ou de monuments célèbres pendant les conflits internationaux du moyen-âge, de la Renaissance, des temps modernes, et principalement à l'époque de la Première Révolution. Toutefois, si je voulais récapituler ici toutes les annexions ou confiscations qui ne se sont autorisées que du droit du plus fort, j'aurais trop à faire. Le cadre qui m'est imposé est plus limité ; je ne dois m'occuper que de celles auxquelles a présidé un semblant de légalité, qui ont pu faire l'objet d'une négociation ; en un mot de celles qui relèvent de l'histoire diplomatique.

Constatons, avant d'entrer dans le cœur du sujet, que le principe du déplacement des collections n'a en lui-même rien qui choque. Ne voyons-nous pas constamment des séries précieuses, ou même des œuvres monumentales, passer d'un pays dans un autre, par voie d'hérédité (statues antiques des Farnèse transpor-

[1] Il n'est guère de pays qui n'ait aujourd'hui sa législation spéciale en matière de protection des monuments historiques. L'Italie, la première, a pris des mesures pour empêcher l'exportation de ses richesses : le fameux édit Pacca n'est pas le point de départ de ces règlements prohibitifs, comme on le croit d'ordinaire, il en est plutôt l'aboutissant. Dès le XVIe siècle des autorisations formelles étaient nécessaires pour exporter les antiquités trouvées à Rome. Parmi les publications récentes sur la matière je citerai les suivantes : *Projet de loi pour la conservation des Monuments historiques et des objets d'art*. Paris, 1877. — *Loi du 30 mars 1887 pour la Conservation des Monuments et objets d'art ayant un caractère historique et artistique*. Paris, 1887. — *Architecture et archéologie. La Conservation des Monuments et des objets d'art*. Conférence faite à la Société d'archéologie de Bruxelles le 27 juillet 1890, par Charles Lucas. Paris, 1890. — *De la Législation danoise sur la conservation des Monuments historiques et des Antiquités nationales*. Lettre à M. Léon Palustre par M. le comte de Marsy. Paris, 1878. — *Die Erhaltung der Denkmäler in den Kulturstaaten der Gegenwart*, par A. von Wussow. Berlin, 1885. — *La Legislazione delle Belle Arti*, par Filippo Mariotti. Rome, 1892.

tées de Parme et de Rome à Naples, au siècle dernier, etc.), ou par suite de ventes (musée Albani, acquis par le roi de Bavière ; collection Campana partagée entre la France et la Russie, etc.)? Ce qui est odieux, c'est l'idée d'humiliation qu'impliquent les spoliations proprement dites. Une Némésis est attachée à chacune de ces dépouilles ; tôt ou tard, elles crient vengeance, et tôt ou tard, elles obtiennent une réparation, parce que de telles conquêtes sont plus encore qu'un affront fait à une génération (celles-ci passent vite et oublient plus vite encore !) : c'est une atteinte portée à l'ensemble des traditions qui s'incarnent dans un peuple. Il n'est pas de souvenir plus cuisant, plus tenace, chez les vaincus : c'est la défaite transformée en affront éternel. Aussi les nations civilisées les ont-elles irrévocablement condamnées.

II

On sait de reste si les Romains ont abusé à cet égard du droit du plus fort : avec eux nulle conquête sans spoliation des monuments publics, nul triomphe sans étalage de ces dépouilles opimes. Rome finit par devenir le musée par excellence, dans lequel s'engouffrèrent les chefs-d'œuvre de la Grèce, de l'Egypte, de l'Asie Mineure. Ce que l'on ignore généralement, c'est que dès lors des protestations se firent entendre. La plus éloquente fut celle d'un Grec déporté en Italie : au livre IX, chapitre III, de son *Histoire générale*, Polybe déclare que si les Romains n'avaient amassé dans leurs conquêtes que de l'or et de l'argent, ils ne seraient pas à blâmer ; pour parvenir à l'empire universel, il fallait nécessairement ôter ces ressources aux peuples que l'on voulait vaincre et se les approprier. « Mais pour toutes les autres richesses, ajoute-t-il, il leur serait plus glorieux de les laisser où elles étaient, avec l'envie qu'elles attirent, et de mettre la gloire de leur patrie, non dans l'abondance et la beauté des tableaux et des statues, mais dans la gravité des mœurs et la noblesse des sentiments». L'historien grec termine en exprimant le vœu que les conquérants à venir apprennent par ces réflexions à ne pas dépouiller les villes qu'ils soumettent, et à ne pas faire des malheurs des autres peuples l'ornement de leur patrie.

Le principe, tout romain, de l'exportation des œuvres d'art, d'une capitale soumise dans la capitale victorieuse, survécut au triomphe du christianisme. D'un bout à l'autre du Bas-Empire, les vainqueurs emportèrent des pages monumentales : portes de bronze, statues, colonnes, etc., non pas seulement en raison de leur valeur, mais encore à titre de trophées ou de souvenirs. Les Barbares appliquèrent à Rome la loi du talion. Alaric exigea pour rançon les ornements de ses temples; Gensério, qui était un collectionneur ardent, et non le farouche destructeur auquel l'épithète de vandale doit son origine, fit charger de ses statues de bronze un navire qui se perdit en mer. Athènes fut relativement mieux partagée que Rome : mais ce que les Barbares lui avaient laissé, les empereurs d'Orient le lui prirent. Les chefs-d'œuvre de Praxitèle, de Myron, de Lysippe, émigrèrent à Constantinople; la primitive basilique de Sainte Sophie devint le musée le plus riche du monde; on y compta jusqu'à 427 statues grecques des meilleures époques[1].

Le premier, dans ces siècles troublés, Charlemagne rendit hommage aux principes qui ont triomphé de nos jours : désirant enrichir ses possessions franco-germaniques de quelques œuvres d'art conservées en Italie, il en demanda spécialement l'autorisation au pape Adrien, qui, comme bien on pense, n'eut garde de refuser[2]. C'est ainsi qu'Aix-la-Chapelle reçut la statue équestre en bronze qui était, primitivement exposée à Ravenne, et qui a si fort intrigué les archéologues, et probablement aussi la Louve de bronze, aujourd'hui encore conservée au dôme.

[1] On trouvera de nombreux textes sur l'enlèvement des œuvres d'art antiques pendant l'invasion dans le mémoire de M. Zappert : *Uber Antiquitaeten Funde im Mittelalter*. Vienne, 1851 (extr. des *Mémoires de l'Académie des Sciences*).

[2] « Cum columnas et marmora aliunde habere non posset, Roma atque Ravenna devehenda curavit. » (Eginhard). « Musiva et marmora urbis Ravennæ tam in templis quam in parietibus et stratis, tam marmora quamque mosivum cæteraque exempla de eodem palatio vobis concedimus auferenda. » (Ep. 36, apud Dom Bouquet). Ailleurs Eginhard félicite les Francs d'avoir enlevé aux Huns ce que les Huns avaient injustement enlevé aux autres nations.

Par un étrange retour des choses d'ici-bas, une partie de ces reliques du monde païen, à la possesion desquelles Charlemagne n'attachait aucune idée de triomphe, fut enlevée d'Aix-la-Chapelle, en guise de trophées, par un autre restaurateur de l'Empire d'Occident : Napoléon Ier fit transporter au Louvre les colonnes antiques, au nombre de trente-huit ou quarante, qui ornaient la cathédrale, ainsi que le sarcophage, avec l'*Enlèvement de Proserpine*, dans lequel, affirme-t-on, avaient été déposée la dépouille mortelle de Charlemagne. Le sarcophage et les colonnes furent repris par les alliés en 1815, à l'exception de huit colonnes en granit gris, qui soutiennent l'entablement de la salle de la Paix, et de quatre colonnes en granit rose oriental, disposées deux par deux aux extrémités de la salle d'Auguste : « Habent sua fata columnæ ! »

Pendant tout le moyen-âge la possession de certaines œuvres monumentales donna lieu à d'interminables litiges internationaux.

Prenons la statue équestre en bronze exposée sur une des places de Pavie et connue sous le nom de « Regisol ». En 1201 les Milanais victorieux résolurent de l'emporter, mais leur archevêque, Philippe, s'y opposa, sachant quels ressentiments provoquerait l'enlèvement de pareils trophées [1]. Au siècle suivant, en 1315, les Milanais, qui s'étaient de nouveau emparés de Pavie, brisèrent le bronze et en emportèrent les fragments. Les habitants de Pavie n'eurent de cesse qu'ils n'eussent reconquis ces reliques ; ayant réussi en 1335 à les racheter, ils les firent assembler et replacèrent la statue sur son piédestal. Elle y resta jusqu'en 1527 : à cette époque, Lautrec, qui avait pris d'assaut Pavie, autorisa un jeune Ravennate pour le récompenser d'avoir, le premier franchi les remparts, à faire transporter le bronze dans sa ville natale, d'où il avait été enlevé quelque sept ou huit siècles auparavant. Mais les habitants de Pavie, inconsolables de la perte de leur palladium, rattrapèrent à Crémone le vaisseau qui le trans-

[1] Voir Grimm, *das Reiterstandbild des Theodorichs zu Aachen*; Berlin, 1869, p. 65 et suiv.

portait, défirent les Ravennates et reconquirent la statue, qu'ils réinstallèrent triomphants sur son socle ; elle y resta jusqu'à la Révolution française.

Les Pisans qui, de même que les Génois et les Vénitiens, mirent en coupe réglée tous les édifices antiques situés sur les bords de la Méditerranée, et jusqu'en Grèce et en Asie Mineure, les dépouillant de leurs sculptures, voire de leurs blocs de marbre, se servirent parfois de ces dépouilles pour récompenser leurs voisins de leurs services ou de leur neutralité. C'est ainsi qu'en 1117, après leur expédition contre Majorque, ils offrirent aux Florentins, à leur choix, deux colonnes de porphyre ou deux portes de bronze. Les Florentins optèrent pour les deux colonnes ; celles-ci se dressent, de nos jours encore, devant le baptistère, où elles ont longtemps eu pour pendant un autre souvenir, cette fois-ci ignominieux, de la même ville de Pise : les chaînes du port. L'opinion publique ne ratifia point toutefois le choix fait par le gouvernement florentin : elle accusa celui-ci de s'être laissé tromper et forgea le proverbe : « Aveugles les Florentins et traîtres les Pisans. »

La prise de Constantinople par l'armée des croisés, en 1204, forme une date capitale dans les annales des spoliations internationales. Ici toutefois la dévotion eut autant de part au pillage que la cupidité. Le travail du comte Riant nous apprend que les compagnons de Baudouin de Flandre attachèrent plus de prix aux reliques qu'aux reliquaires [1]; ceux-ci ne comptaient que comme accessoires. « Ce ne dut pas être sans penser de loin à l'ornementation des châsses encore barbares de leurs saints, ajoute le savant président de la Société de l'Orient latin, que les clercs de l'armée latine firent si ample provision de ces anneaux, de ces pierres antiques, dont ils remplirent, à leur retour, les trésors de leurs cathédrales, et que, sans le vouloir, ils ont ainsi sauvés d'une destruction presque certaine. »

La plus magnifique de ces dépouilles — les chevaux de la

[1] Baudouin II, par exemple, engagea une relique de second ordre pour 6000 hyperpères d'or, dont 300 seulement pour le reliquaire (Riant, p. 31).

basilique de Saint-Marc de Venise — fut à son tour emportée à Paris, à la fin du siècle dernier, pour rappeler une autre victoire [1].

Est-ce la gloriole ou bien l'amour de l'art qui dicta les nombreux déplacements (je me sers d'un euphémisme) d'œuvres monumentales entrepris sous les auspices de l'empereur Frédéric II ? C'est un point qu'il est difficile d'éclaircir. Ce prince ne laissait pas échapper une occasion pour s'approprier les vestiges de l'antiquité conservés en pays ennemi. Tantôt il faisait enlever de l'église Saint-Michel de Ravenne des colonnes monolithes qu'il comptait employer à une de ses constructions de Palerme ; tantôt il emportait de Grotta Ferrata, en souvenir du siège de Rome (1242), deux bronzes, une statue d'homme et une statue de vache servant de fontaine [2].

III

Il semblait que la Renaissance dût inaugurer, vis-à-vis des bibliothèques ou des collections d'œuvres d'art, des doctrines

[1] On me saura gré de rapporter l'origine de ces bronzes superbes d'après un voyageur du XVe siècle, dont le récit a été publié récemment par M. Schefer : « Sur le portail de sainct Marc, y a grans chevaulx de culvre qui ont été mis en signe de victoire, pour ce que ung empereur sarrazin avait juré qu'il ferait son estable de l'église sainct Marc. Touttes foys il faillit, car son filz qui était chef de l'armée fut prins par les Veniciens et s'en retourna l'empereur confus. Le dict empereur par force avoit jeté le pape hors de Romme, et s'en vint ledict pape en habit dissimulé en une abbaye nommée Nostre Dame de la Caritas, à ung quart de lieue de Venise, et là servit tous les moynes sept ans et estait varlet de cuisinier. Mais après la victoire faite par les Veniciens contre l'empereur il fut cogneu et fut remis par les véniciens en son premier estat à Romme. Et donna pardon à l'abbaye de pleine remission durant trois jours en l'an, c'est assavoir Dominica in passione, le lundy et mardy ensuyvant » (*Le voyage de la Saincte Cyté de Hierusalem fait l'an mil quatre cens quatre vingtz*, p. 19).

[2] (Août 1242) « Imperator ante recessum ab obsidione Urbis statuam hominis æream et vaccam æream similiter, quæ diu steterant apud sanctam Mariam de Crypta ferrata et aquam per sua foramina artificiose fundebat, in regnum, apud Luceriam Apuliæ civitatem, ubi Saraceni degebant, portari jubet » (Richard de S. Germano, apud Muratori, *Scriptores*, t. VII, p. 1050). Cf. Schulz, *Denkmæler*, t. I, p. 169, note. — On trouve d'autres détails sur cette époque dans mon essai sur la tradition antique au moyen-âge (*Journal des Savants*, 1887-1888).

plus généreuses. Mais elle était trop dominée par les souvenirs de l'antiquité romaine pour rompre avec eux. Si les princes italiens procédèrent avec une certaine mesure [1], les conquérants étrangers usèrent sans scrupules du droit du plus fort.

Lors de l'expédition d'Italie, Charles VIII fit preuve, à cet égard, d'une rigueur sans pareille ; il s'appropria, dans les villes conquises, tout ce qui était à sa convenance. Son premier exploit fut l'annexion de la célèbre bibliothèque des rois de Naples. La majeure partie des manuscrits qui la composaient prit le chemin du château de Blois, d'où ils entrèrent, après maintes vicissitudes, à la bibliothèque de la rue de Richelieu [2]. Quant à ceux qui avaient été mis en lieu sûr par les souverains napolitains, ils finirent par échouer également dans notre pays ; mais du moins ils firent l'objet d'un contrat régulier : le roi Frédéric les vendit au cardinal d'Amboise.

Parmi les œuvres monumentales, les bronzes avaient de tout temps exercé une fascination particulière sur les envahisseurs. A Naples ils ne manquèrent pas leur effet sur le monarque français. Il résulte de documents, dignes de toute foi, que Charles VIII fit démonter et charger sur des galères les portes du « Castel nuovo » (avril 1495) : seul son départ précipité l'empêcha de les emporter en France [3].

[1] Le roi Alphonse d'Aragon, dans les sacs des villes, se faisait réserver les livres comme sa part royale de butin (*Chronique de Louis XII par Jean d'Auton*, éd. de Maulde, t. I. p. 321). — Le duc Frédéric d'Urbin fit preuve de plus de générosité: après la prise de Volterra, il n'emporta comme souvenir qu'une Bible polyglotte qui est entrée depuis à la Vaticane (Gherardi, *Guida di Urbino*, p. 36).

[2] « De Naples, Charles VIII ne rapporta pas moins de 1140 volumes, dont il fit cadeau à la reine (Leroux de Lincy, *Vie de la reine Anne de Bretagne*, t. II, p. 8-11, 34 et suiv.). MM. Delisle et Mazzatinti ont retrouvé, à la Bibliothèque nationale, environ 15 manuscrits grecs et espagnols et 240 manuscrits latins provenant de la bibliothèque de Naples, en y comprenant ceux qui furent enlevés par Charles VIII, ceux qui furent vendus par Isabelle del Balzo à Louis XII et ceux qui, acquis par le cardinal d'Amboise, restèrent jusqu'au XVIIe siècle au château de Gaillon (*Le Cabinet des Manuscrits*, t. I, p.23, 97. — *Manoscritti italiani delle Biblioteche di Francia*, t. I, p. XLV, LXIII. Rome, 1886).

[3] « La M[ta] del Re de la Franza ha facto condurre tutte le bombarde grosse eciam alcune bronzini qualle epso ha atrovato nel castello novo eciam in alcune

Charles VIII n'attendit pas son retour en France pour expédier, par voie de terre, une partie de ces dépouilles[1]. Quant au richissime butin qu'il emporta avec lui, la charge de 6,000 « sommiers » («illa ingens regis præda, quam ex Napolitano regno exultans rex in Galliam triumphans asportabat »), il fut dispersé et irrévocablement perdu à la bataille de Fornoue[2].

Tel était le prix que le jeune souverain attachait à ces souvenirs qu'il n'hésita pas, la paix à peine conclue, à supplier Ludovic le More, son ennemi de la veille, de lui restituer du moins quelques livres et quelques peintures[3]. « Mon cousin » lui écrivit-il, « j'ay sceu que mon médecin maistre Théodose perdit à la journée de Fournoue certains livres de médecine, qui furent prins par aucuns de vos gens ou autres qui tenoient votre party ; aussy furent perduz plusieurs peintures de diverses façons et devises, que l'un de mes paintres avait tracées et portraictes, où il y avait aucunes villes et chasteaulx, quartes marines et autres nouvelles choses de par dellà, et semblablement les regis-

locho de Napoli e li fa charichare su li galeacze e questo per mandare in Francza. E io ho adimandato la ochassion, me dichono per che sua M[ta] ha desfornito quelle bande de artegliara et manda questa per guastarlla et condurlla a quella loro susa. Eciam Vra S. de sapere che la M[ta] del S. Re Ferante havea facto fare al castello novo dui porte de bronzo istoriate e questui li hà facte tore et guastare et charichare per condure via, doude ogueuno ne sta suspesso et pare che questui nol facza fondamento alcuno sopra a questo Reame ma solum atendano a despogliarlo » (Lettre du 16 avril 1495, publié par Minieri Riccio : *Gli Artisti ed Artefici che lavorarono in Castel Nuovo a tempo di Alfonso I e Ferrante I di Aragona*; Naples, 1876, p. 10-11.

[1] Un document du 23 décembre 1495 mentionne un payement de 1,593 livres tournois, pour « la ménaigè, voiture et conduite depuis Napples jusqu'en la ville de Lyon de plusieurs tapisseries, librairie, painctures, pierres de marbre et de porfire et autres meubles que le dit seigneur donna charge admener ; les dites choses pèzent en tout 87,000 livres ou environ, comme aussy pour les charrier et conduire depuis ladite ville de Lyon jusqu'au chastel d'Amboise, ainsy que ledit seigneur lùy a ordonné et commandé faire pour la décoration et ustencille dudit chastel. » (A. de Montaiglon : *Archives de l'Art français*, t. II, p. 305-306.)

[2] Voy. *La Renaissance en Italie et en France au temps de Charles VIII*, p. 513.

[3] D'Adda, *Indagini... sulla Libreria Visconteo Sforesca del Castello di Pavia*, t. II, p. 99-100.

tres et papiers qui touchent le fait de ma dépense. Et pour ce que je désire fort recouvrer les choses dessus dites, je vous prye, mon cousin, que se vous savez aucun de vos serviteurs ou autres qui en ayent rien, vous veuillez faire bailler et délivrer au présent porteur, ou lui octreyer vos lettres de commission et autres qui lui seront nécessaires pour en recouvrer tout ce qui s'en pourra trouver, tant à Palme (*sic*, pour Parme) que ailleurs où besoing sera, et vous me ferez bien grand plaisir. Et à Dieu, mon cousin, qui vous ait en sa garde. Escript à Lion, le VIIe jour de décembre. (1495?). Charles-Dumont. »

Louis XII renchérit encore, si possible, sur son prédécesseur : une de ses premières annexions fut celle de la bibliothèque de Pavie, réunie avec tant d'amour par les Visconti et les Sforza [1].

Le successeur de Charles VIII conçut également un dessein qu'eussent pu lui envier les Romains du temps jadis : il résolut de faire transporter en France la *Cène* de Léonard de Vinci. Mais comme on ignorait alors l'art de détacher une peinture d'une paroi et que le déplacement du mur sur lequel se développait le chef-d'œuvre de Sainte-Marie-des-Grâces n'était pas précisément une opération facile, le roi — à ce que nous apprennent les contemporains — dut se borner à emporter son désir et laissa la peinture aux Milanais.

Le cardinal d'Amboise, à son tour, profita de son omnipotence pour enrichir ses collections, au détriment de celles des vaincus. Lors du traité conclu entre César Borgia et le duc Guidobaldo d'Urbin, le premier s'engagea à la restitution de toutes les œuvres d'art enlevées du palais ducal d'Urbin ; à l'exception des tapisseries représentant le *Siège de Troie*, « vu qu'il avait donné ces tapisseries au cardinal [2] ».

[1] Comme il n'existe pas d'inventaire de cette bibliothèque pour la fin du XVe siècle, on n'a pu établir avec précision le nombre des manuscrits qui, du château de Pavie, sont entrés à la Bibliothèque nationale (voy. Mazzatinti, *Manoscritti italiani delle Biblioteche di Francia*, p. LXV).

[2] 1503. « Di bona voglia li voleva restituire tucta la robba el tucto el mobile tolto, da li panni Troyani in fora, che haveva donato a Rovano ; el torla altre

A aucune époque encore les œuvres d'art n'avaient tenu une si large place dans les négociations diplomatiques : tantôt c'est le maréchal de Gié qui poursuit de sollicitations la République de Florence pour qu'elle lui envoie une statue d'*Hercule*, exécutée par Michel-Ange (ce fut Florimond Robertet qui hérita de ce bronze, après la disgrâce du maréchal[1]) ; tantôt c'est Louis XII qui harcèle les mêmes autorités pour obtenir qu'on lui rende Léonard de Vinci[2].

César Borgia, on ne saurait assez le répéter, n'était Italien que par l'astuce ; en toute autre matière, cet aventurier, si complètement étranger aux notions de la Renaissance, se conduisait comme un homme du nord. Il le prouva surabondamment par sa conduite vis-à-vis des œuvres d'art : ou il les confisquait brutalement ou il les dédaignait. La déprédation du palais ducal d'Urbin dicta à la charmante marquise de Mantoue, Isabelle d'Este, une démarche qu'elle eût dû s'épargner pour son honneur. Oubliant que le duc Guidobaldo de Montefeltro était son beau-frère, elle n'hésita pas à demander à son frère, le cardinal d'Este, d'intervenir auprès de l'usurpateur du duché, et d'obtenir de lui, pour sa collection personnelle, une statuette antique de marbre, une *Vénus*, et un *Cupidon*, enlevés au malheureux Guidobaldo. Pour le coup, l'amour de l'art l'emporta par trop sur le sentiment de la solidarité entre si proches parents! Dans cette lettre, si curieuse, Isabelle constate que César Borgia, si l'on en croit la renommée, ne prend guère de plaisir aux œuvres du génie antique[3].

cose che lui non haveva, che erano in Romagna et in pluribus a Forli. » (Ugolini, *Storia dei Conti e Duchi d'Urbino*, t. II, p. 524). Ces tapisseries toutefois firent retour, dès le XVIe siècle, à leur légitime propriétaire.

[1] Gaye, *Carteggio inedito*, t. II, p. 53 et suiv.

[2] Gaye, t. II, p. 86 et suiv.

[3] « Lo signor Duca de Urbino mio cognato aveva in casa sua una Venere antiqua de marmo piccola, et cosi uno Cupido, quale gli donò altra volta lo Illmo Sr Duca de Romagna. Son certa che questi insieme cum le altre cose seran pervenute in mano del predecto Sr Duca de Romagna in la mutatione del stato de Urbino. Io che ho posto gran cura in recogliere cose antique per onorare el mio studio, desidereria grandemente averli ; nè mi pare inconveniente pensiero, in-

Est-il nécessaire de rappeler à quel point François Ier convoitait les chefs-d'œuvre dont regorgeait l'Italie? A l'occasion, il adressait à ses alliés les demandes les plus indiscrètes : c'est ainsi qu'il pria Léon X de lui faire cadeau du *Laocoon* (on juge de la stupéfaction de la cour romaine !). Du moins n'abusa-t-il pas de la force pour dépouiller les vaincus des monuments avec lesquels s'identifiait leur orgueil national.

Un instant, pendant l'horrible sac de Rome, tous les principes, je ne dirai pas d'équité, mais de civilisation, furent mis en oubli. Toutefois, après une étude minutieuse des faits, je n'hésite pas à déclarer que les chefs de l'armée assiégeante n'eurent aucune part aux excès de la soldatesque ; bien plus, que partout ils intervinrent pour réprimer les désordres. De précieuses œuvres d'art, cela n'est que trop certain, disparurent à ce moment : ce dont nous devons nous étonner, c'est que le désastre n'ait pas été plus grand encore. Les déprédations furent d'ailleurs en raison inverse des dimensions ou du poids des objets ; si de nombreuses pièces d'orfèvrerie et de nombreuses tapisseries — objets faciles à emporter — disparurent, il serait difficile, en échange, de citer une seule œuvre monumentale enlevée par les soudards du connétable de Bourbon et de Georges de Frondsberg. L'acquisition, puis la restitution, d'une partie des tapisseries de Raphaël, permirent à un autre connétable français, Anne de Montmorency, de faire sa cour au pape Jules III. Aujourd'hui encore, une inscription tissée sur une des tentures rappelle

tendendo che la E. S. non se delecta molto de antiquita, et che per questo facilmente ne compiacerà altri. Ma poichè io non ho dimestichezza cum lei di sorte che senza mezzo possi assicurarmi de ricercarla de simile piacere, m'e parso de usare de la auctorità de la S. V. Rma, pregandola et dimandandole di grazia che la vogli el cum litere et cum messo richiedere in dono dicti Venere et Cupido cum tale efficatia che lei et me siamo compiaciuti ; et serò ben contenta, parendo cosi a V. S. Rma, che la dimostri volerli per me, et ch'io gli abbi fatta grandissima instantia, et mandato questo cavallaro a posta, come facio ; che per un apiacere et grazia non poteria ricevere la majore da S. E. et V. S. Rma, alla quale mi raccomando. Mantuae, 30 junii MDII. » (Alvisi, *Cesare Borgia duca di Romagna*, p. 534. Imola, 1878).

cet acte de libéralité: « Urbe capta partem aulæorum a prædonibus distractorum conquisitam Anna Mommorancius Gallicae militiae praef. rescarciendam atque Julio III P. M. restituendam curavit 1553. »

La plus mémorable des spoliations du XVIe siècle fut celle de la bibliothèque de Mathias Corvin. Après la prise de Bude par les Turcs (1526), le savant grand vizir Ibrahim fit transporter à Constantinople la majeure partie de cette collection célèbre. Quant à la partie restée à Bude, le cardinal Pázmány et le prince Gabriel Bethlen essayèrent en vain, au XVIIe siècle, de la reconquérir. Plus heureux, Pierre Lambeck, le directeur de la bibliothèque impériale de Vienne, réussit en 1666 à récupérer trois manuscrits. Particulièrement curieuses sont les négociations entreprises dans notre siècle par la cour de Vienne pour récupérer les volumes transportés à Constantinople. En 1862 plusieurs membres de l'Académie impériale obtinrent la faveur de voir les restes conservés au sérail ; en 1869 le sultan Abdul Aziz fit cadeau à l'empereur François-Joseph II de 4 manuscrits, auxquels s'ajoutèrent en 1877, 35 autres, donnés par le sultan Abdul Hamid II ; en 1889 enfin le même souverain restitua la chrysobulle d'Urose II, roi de Serbie, et le missel d'Hervoia, duc de Spolète[1].

Malgré l'horreur de ses coreligionnaires pour les « idoles », Ibrahim envoya également à Constantinople et fit installer devant son palais près de l'Hippodrome, trois statues de bronze. (Hercule, Diane et Apollon), conquises dans la capitale de la Hongrie. Mal lui en prit : les croyants s'indignèrent de l'exposition de ces simulacres, dans lesquels ils voyaient un hommage rendu à l'idolâtrie[2].

[1] Fraknoi, *Mathias Corvinus*, p. 301-302. Fribourg en Brisgau, 1891.— Reumont, *la Bibliotica corviniana*, p. 13-14. — Jagic, Thallóczy et Wickhoff, *Missale Glagoliticum Hervoiae ducis Spalatensis*, p. VI et suiv. Vienne, 1891.

[2] Mon savant confrère, M. Schefer, a publié, dans le *Voyage d'Aramon* (p. 30), le fac-similé d'une gravure du XVIe siècle, qui montre la place de l'Hippodrome ornée des trois bronzes.

Si je m'étais proposé de retracer le rôle des œuvres d'art dans les relations diplomatiques, abstraction faite de toute idée de spoliation, la fin du XVIe siècle m'offrirait une ample matière à récits piquants. Quelles traces les guerres de religion n'ont-elles pas laissées dans ce domaine, depuis les fresques du Vatican jusqu'à la colonne commémorative de l'abjuration d'Henri IV, qui se dressa si longtemps à Rome sur la place de Sainte-Marie Majeure !

IV

Pendant les premières guerre d'Italie, la France avait donné les plus fâcheux exemples. Au XVIIe siècle, ce ne fut plus que par les moyens pacifiques qu'elle s'efforça d'augmenter les trésors de ses bibliothèques et de ses musées : si, sur ce terrain, sa diplomatie déploya des artifices infinis, du moins ne fut-il plus fait appel à l'odieux droit de conquête. Ni Richelieu, ni Mazarin, ni Colbert, ni Louvois, ne songèrent à profiter des victoires des armées françaises pour enrichir les collections royales. — Notre pays a donc eu l'honneur d'inaugurer des mœurs plus humaines, je devrais dire de montrer plus de réserve pour le présent, plus de défiance pour l'avenir. Au cours de leurs guerres, Louis XIII et Louis XIV purent bien annexer des provinces : ils se gardèrent soigneusement d'enlever aux vaincus les monuments qui personnifiaient leurs souvenirs nationaux, leurs titres scientifiques, littéraires ou artistiques.

Les Allemands, les Espagnols et les Suédois, par contre, affirmèrent de plus belle le principe que la force prime le droit. Lors du sac de Heidelberg, la bibliothèque des électeurs palatins ; lors de ceux de Mantoue et de Prague, les collections des Gonzague et de la maison de Habsbourg fournirent un butin vraiment royal. Ces différents épisodes méritent d'être étudiés à part, quoique l'abus de la force y tienne plus de place que la diplomatie.

En 1622, lorsque Heidelberg fut prise par Tilly, le duc Maximilien de Bavière enleva la célèbre bibliothèque Palatine pour l'offrir au pape Grégoire XV (en échange il reçut la dignité d'électeur).

On manque de détails sur les négociations qui ont précédé ce don : elles devaient former un curieux chapitre d'histoire diplomatique. Ce qui est certain, c'est que Grégoire XV ne se laissa pas seulement séduire par la valeur scientifique de la collection, il la regarda également « uti victoriæ monumentum. » Les volumes furent revêtus de la mention : « Sum de bibliotheca, quam Heidelberga capta, spolium fecit, et P. M. Gregorio XV trophaeum misit Maximilianus ». Urbain VIII, de son côté, fit graver sur une plaque de marbre incrustée dans la salle consacrée à la bibliothèque palatine, cette inscription : « Urbanus VIII Pont. Max., complura Palatinae Bibliothecae volumina, nobilis Heidelbergicae victoriae manubias, Gregorio XV et apostolicae sedi a Maximiliano Bavariae duce donata Romam advexit[1].

Grégoire XV convoitait-il depuis longtemps, comme on l'a affirmé, cette collection si riche ? Je l'ignore. Ce qui est certain, c'est qu'il envoya en toute hâte Léon Allatius en Allemagne pour en prendre possession. Celui-ci s'acquitta de sa mission avec un zèle qu'il est permis de qualifier d'excessif. Il s'empara, non seulement de la bibliothèque de l'électeur palatin, mais encore d'une grande partie de la bibliothèque universitaire, ainsi que de plusieurs manuscrits du collège de la Sapience, et même de manuscrits faisant partie de la collection personnelle du bibliothécaire, le célèbre épigraphiste Gruter[2].

[1] Stevenson, p. XVIII.

[2] Blume, *Iter italicum*, p. 48-49. Voy. en outre : Wilken, *Geschichte der Bildung, Beraubung und Vernichtung der alten Heidelbergischen Bücher-Sammlung*. Heidelberg, 1817. — Theiner, *Schenkung der Heidelberger Bibliothek...* Munich, 1844. — Bähr, *die Entführung der Heidelberger Bibliothek nach Rom im Jahre 1623*. Leipzig, 1845. — Roland, *zur Geschichte der alten nach Rom entführten Bibliothek zu Heidelberg*. Leipzig, 1856. — Stevenson, *Codices manuscripti Palatini graeci Bibliothecae Vaticanae*. Rome, 1885.

L'électeur palatin, dépouillé de ses États, fugitif, errant, ne pouvait songer à revendiquer, ni par les armes, ni par la diplomatie, les trésors qui lui avaient été enlevés. Il fut trop heureux, au moment de la restitution de ses Etats, d'accepter les termes de la déclaration impériale, à savoir que toutes les donations faites dans le Palatinat, soit par l'empereur, soit par le duc de Bavière, étaient définitives. Mais l'opinion publique se préoccupa plus d'une fois du sort de cette collection, la plus riche que l'Allemagne eût possédée. En 1632, un général suédois s'écriait qu'il espérait pénétrer avec son armée en Italie et ramener de Rome la bibliothèque de Heidelberg. — En 1640, un des défenseurs de la maison palatine déclarait que la bibliothèque avait été enlevée par les Bavarois « sua et æterna nominis Germanici ignominia. »

Depuis, la restitution de la « Palatine », a donné lieu, de la part de l'Allemagne, à des revendications sans nombre, qui ont fini par aboutir, en partie du moins. En 1815, ceux des manuscrits qui avaient été transportés à Paris durent être remis directement au gouvernement prussien. A la même époque, Pie VII consentit à restituer à la ville de Heidelberg 848 manuscrits allemands et 4 manuscrits latins[1]. Le fonds conservé à la Vaticane est néanmoins encore des plus riches : il ne contient pas moins de 432 manuscrits grecs.

En 1630, huit années après la prise de Heidelberg, une ville italienne, Mantoue, connut à son tour toutes les horreurs d'un pillage. Ici encore, l'armée impériale fit preuve d'une rare sauvagerie : les objets mobiliers du palais furent dispersés à tous les vents. Il importe toutefois de constater que dès 1626, le septième duc de Mantoue, Vincent II (1594-1627), avait noué des négociations avec Charles Ier d'Angleterre, en vue de la vente de ses collections. L'intermédiaire était un certain Daniel Nys. Le 11 novembre, les pourparlers commencèrent ; on dressa

[1] Stevenson, p. XXI. — Voy., apud Wilken (p. 251), la lettre du cardinal Consalvi au prince de Hardenberg.

la liste des plus beaux tableaux, avec les prix en regard, et Nys versa 68.000 écus mantouans entre les mains du comte Striggi, représentant du duc. Envoyés à Venise, les chefs-d'œuvre furent dirigés de là sur l'Angleterre, où ils formèrent le plus beau joyau de la galerie de Charles Ier [1].

Les Suédois, à leur tour, pillèrent sans scrupules les bibliothèques des villes conquises. Celle de Prague prit le chemin de Stockholm, d'où elle émigra plus tard à Leyde et à Rome, avec les autres manuscrits de la reine Christine. Gustave-Adolphe mit en outre à contribution les bibliothèques de Brême et d'Olmutz [2].

Le XVIIIe siècle, époque humanitaire s'il en fût, ne pouvait que réprouver l'abus de la force et l'enlèvement de ces dépouilles opimes, qui laissent de si cuisants regrets au cœur des vaincus. Si l'un ou l'autre général pilla pour son propre compte, aucun du moins n'eût plus le courage d'ériger la spoliation en système officiel.

Dans une prochaine étude, j'examinerai comment, sous la Première Révolution et le Premier Empire, des traditions que l'on pouvait croire tombées en désuetude refleurirent de plus belle.

(*A suivre*). EUG. MÜNTZ.

[1] Je suis redevable de ces informations à l'obligeance de M. Charles Yriarte, qui prépare, comme on sait, un grand travail sur l'histoire de l'art à Mantoue.

[2] Blume, *Iter italicum*, t. II, p. 56, 62. — On admirait entre autres (dans la galerie de Christine, 47 tableaux, du plus haut prix, provenant de Prague, et dans le nombre jusqu'à 10 toiles du Corrège). « Tout cela était le pillage de la guerre de Trente ans. Les Suédois avaient dépouillé la Bohême, où Rodolphe II avait accumulé les premiers chefs-d'œuvre de la Renaissance italienne. » — L'inventaire des « Raretez qui sont dans le cabinet des antiquitez de la sérénissime Reine de Suède » (1652-1654) mentionne de nombreuses statues en bronze ou en marbre provenant de Prague, (2.700 grandes et petites médailles de bronze, d'airain, de plomb et de fer », ayant la même provenance, deux cabinets pleins de médailles, des ivoires), des pièces d'orfèvrerie, des objets en ambre, en corail, en nacre, en écaille, en corne, des porcelaines, des laques, des cabinets en ébène, des horloges, des globes, des instruments de mathématiques, des miroirs, des cristaux de roche, des gemmes, des camées, des meubles de toute sorte, des armes, des curiosités d'histoire naturelle, des ustensiles de salle, des cires, puis des centaines de tableaux (Geffroy, *Notices et extraits des manuscrits concernant l'Histoire ou la Littérature de la France, qui sont conservés dans les Bibliothèques ou les Archives de Suède, Danemark et Norvège*, p. 120-193, Paris, 1855).

LA RUSSIE ET L'ANGLETERRE

AU COMMENCEMENT DU XIXe SIÈCLE[1]

Depuis la moitié du XVIe siècle jusqu'à la fin du siècle dernier, les relations entre la Russie et l'Angleterre ont conservé un caractère amical et pacifique[2]. Les tsars et les hommes d'État russes étaient pénétrés de la conviction que ces deux puissances sont des « amies naturelles » et que « l'Angleterre est l'État dont les intérêts sont, par leur nature, indissolublement unis avec ceux de l'Empire de Russie. » Le célèbre homme d'État anglais Pitt, disait en 1786 au ministre de Russie à Londres que, dans sa conviction intime, « la Russie et l'Angleterre ne devaient jamais, d'après leur situation politique naturelle, se trouver dans la nécessité de se faire la guerre ». Elles devaient toujours être des alliées. Dans ce système politique, basé sur une alliance naturelle et permanente, deux circonstances de force majeure ont fait deux brèches importantes :

1° Au siècle dernier, la proclamation par Catherine II des principes de la neutralité armée fut une attaque directe contre la suprématie jusqu'alors incontestée de la Grande-Bretagne sur les mers, et

2° la marche victorieuse de la Russie en Asie Centrale dès la moitié de ce siècle.

En mettant en 1780 un frein à l'arbitraire illimité des croiseurs

[1] Extrait du XIe volume du *Recueil des traités et conventions conclues par la Russie avec les puissances étrangères* que l'auteur publie à présent à Saint-Pétersbourg.

[2] V. cette Revue, 1891, p. 103, 49[illegible]

www.ingramcontent.com/pod-product-compliance
Lightning Source LLC
LaVergne TN
LVHW010215230826
846091LV00008BB/3531

* 9 7 8 2 0 1 3 6 0 4 8 5 7 *